Encontre Seu fluxo: Como Adquirir a Sabedoria e o Conhecimento de Deus

Dan Desmarques

Published by 22 Lions Bookstore, 2019.

Direitos Autorais

Encontre Seu fluxo: Como Adquirir a Sabedoria e o Conhecimento de Deus

Escrito por Dan Desmarques

Copyright © Dan Desmarques, 2019 (1ª Ed.) Todos os Direitos Reservados.

Publicado por 22 Lions Bookstore & Publishing House

Sobre a Editora

Sobre a 22 Lions Bookstore:

www.22Lions.com

Facebook.com/22Lions

Twitter.com/22lionsbookshop

Instagram.com/22lionsbookshop

Pinterest.com/22lionsbookshop

Introdução

A inteligência, enquanto conjunto de habilidades cognitivas, tal como se concebe para o sucesso social, nada significa na ordem do universo. A verdadeira inteligência é aquela que sobrevem na forma de sabedoria. E a sabedoria é o caminho da consciência para o conhecimento de si mesmo. Neste sentido, este livro procura descrever como este tipo de sabedoria sobrenatural pode ser adquirida por qualquer pessoa.

Como se Desenvolve o Potencial Mental?

A inteligência pode mais rapidamente ser desenvolvida se se encaminhar no sentido da sabedoria, sendo, portanto, uma inteligência prática e associada à felicidade do ser, adquirida pela consciencialização do seu propósito existencial. Sempre que nos encontramos motivados num dado caminho, aprendemos mais rápido. Por outro lado, as conexões mentais que se formam quando os neurónios estão energizados pelas emoções, são muito mais complexas, permitindo assim um acelerar do que entendemos por pensamento efectivo. Esta efectividade surge precisamente do pragmatismo.

O pragmatismo só se mostra relevante quando reforçado por ambições pessoais. É por isso que a via para o desenvolvimento moral e social dum ser humano não pode negar o seu ego. Quando o ser opera sobre o seu universo material, no sentido de o compreender e assim adquirir maior consciência sobre a sua relação com ele, poderá mais facilmente descobrir aquilo que lhe é prazeroso e também ser bem sucedido nisso. Pois, no que lhe oferece mais prazer, encontrará seus interesses pessoais e uma oportunidade para se reformar psicologicamente e espiritualmente.

Neste estado, poderemos evoluir com maior rapidez também no sentido da descoberta da razão da nossa existência, o chamado propósito existencial. Nesta caminhada, a lógica assumirá uma proporção equiparável ao nível de felicidade sentido por se estar no caminho certo, o que produzirá uma energia superior que impulsionará face ao progresso. Sempre que somos reforçados emocionante por uma actividade que tem um significado profundo para nós, sentimo-nos também mais capazes, por oposição ao exercer de actividades de que não gostamos e que nos desmotivam. E é um facto que a larga maioria das pessoas envelhece mais rápido por exercerem funções que detestam.

Quando optamos por um emprego de que não gostamos, o que estamos realmente a fazer é a trocar o nosso tempo, a nossa vitalidade e a nossa saúde, pelo dinheiro. Somos mais propícios a doenças físicas, desgastes mentais, depressões e acidentes graves nessas situações.

A Relação da Felicidade com a Vitalidade

Podemos afirmar que a compreensão gera felicidade e a felicidade gera energia, a energia cria motivação e esta impulsiona o movimento de desenvolvimento espiritual. Neste ciclo de interminável aprendizagem, o ser transforma-se e, nesta mudança permanente em interação com o universo físico, ele adquire maior potencial de sobrevivência. Neste potencial, encontra o desenvolvimento da sua inteligência em ação, a qual é melhor designada por sabedoria, pois respeita às aprendizagens desenvolvidas pela experiência de viver, nomeadamente, no sentir os efeitos das ações pessoais.

Quando o caminho é correto, o ser pode se desenvolver com maiores certezas sobre a sua identidade pessoal e percurso espiritual. Nesta caminhada, o indivíduo poderá se elevar bastante mentalmente, até um nível em que a sintonia entre o potencial da mente, a consciência da alma e o caminho do espírito é tal que ele poderá, nesta subtilidade que se reforça intercaladamente e mutuamente, adquirir maior potencialidade para agir sobre a matéria.

Por outro palavras, quanto mais transformamos o mundo material através duma ação estimulada pelo prazer, mais nos transformamos a nós mesmos também. E portanto, o prazer de viver, o prazer de trabalhar com um propósito altruísta, o propósito de alimentar o ego com ganhos significativos, tudo isso conduz a uma transformação espiritual profunda, que expande o nosso nível de consciência e eleva o nosso potencial intelectual, como qualquer estudo no âmbito da psicologia tem comprovado. É neste ponto que podem surgir todas as habilidades extra-sensoriais, começando pela precognição e telepatia. E realmente, pessoas de alto nível de sucesso financeiro e social, freqüentemente explicam como fazem decisões baseadas em visões, sonhos ou fortes intuições.

O sucesso, nunca é tanto fruto dum potencial individual, como é fruto duma decisão espiritual significativa. Precisamos aprender a acreditar no nosso potencial antes mesmo de manifestarmos os resultados que encontram explicações neste.

Como se Adquirem Poderes Sobrehumanos?

No topo do desenvolvimento da sabedoria sobre o mundo, surgem habilidades menos comuns, como os poderes extra-sensoriais. Estes poderes, nos seus vários níveis de influência, abrangência e controlo, são resultantes de muitas etapas de provação, dor e perseverança. São dádivas para todos os seres que persistiram no autodesenvolvimento, para além dos desafios a que o mundo material os obrigou.

Naturalmente, nem todos as pessoas os adquirem, pois as provações para uns poderão encaminhá-los ao inferno da existência. A diferença reside na consciencialização do propósito da vida, para além da dor que ela inclui. Por isso, "nunca assumas que o óbvio é verdade" (William Safire). Não se trata tanto de dizer que quem sofre se desenvolve mais espiritualmente, mas antes que a consciência espiritual é dependente direta da ação do sujeito sobre si, no sentido de compreender o seu universo físico e ultrapassá-lo, concentrando-se na sua vontade pessoal, no adquirir dos seus sonhos.

Alcançar mais sucesso e mais riqueza na vida, sempre incluí um grau maior de responsabilidade, poder e influência que devem igualmente ser tomados em consideração com a mesma importância.

Todos os que podem ver o sentido da vida para além da sua materialidade física, ou da dor que ela possa pressupor no decurso da existência, podem mais facilmente desenvolver a sabedoria necessária à compreensão do propósito existencial e, no caminho para a visão da missão que Deus lhes facultou, compreender sobre a sua identidade, descobrindo todo o potencial paranormal que detêm. E se queremos colocar esta influência num plano prático, basta-nos pensar que a melhor forma de ajudar os outros é através de doações monetárias, as quais estão mais acessíveis aos que adquiriram riqueza através do sucesso em sua vida.

O corpo é limitado, mas o espírito possui um potencial que vai muito além da matéria, isto, fazendo uso do corpo, o qual lhe serve de veículo á consciência.

Como se Curam as Doenças?

Todas as doenças podem ser curadas através do potencial que reside no espírito, porque este detém o poder projetado na vida do ser. No entanto, é a consciência, a qual reside na alma, que define a evolução da vida do indivíduo. Em outras palavras, pela consciência se vive ou morre. Na consciência encontram-se todas as respostas para os dilemas e problemas da existência. E atendendo a que a consciência controla os centros nervosos do corpo e as glândulas principais, afectando o sistema imunitário, podemos mesmo dizer que a consciência está directamente relacionada com a expansão da vida dum ser humano.

As doenças surgem e regridem no mesmo ponto – o corpo, através do qual a consciência do espírito se manifesta. Portanto, apenas um espírito doente desenvolveria um corpo doente. Mas, se o espírito é em si perfeito, poderemos dizer que apenas a alma que não se encontra a viver na consciência de si pode encaminhar o corpo à doença e á morte.

"Sendo humanos, apenas podemos receber verdade infinita em doses finitas" (Norman Grubb). Quando se discute o potencial da alma para nos liberar dos tentáculos da dor, importa também analisar a sua capacidade para tomar consciência do seu potencial para ser feliz e alterar seus hábitos.

Em milhares de casos cientificamente comprovados de regressões do cancro se constatou que os pacientes tinham vários pontos em comum, todos eles relacionados com a capacidade para fazerem alterações mentais, no sentido de serem mais felizes e responsáveis pelo futuro; e alimentares, focando-se em alimentos naturais, como os vegetais e frutos.

É no balanço final entre a capacidade para ser feliz e a incapacidade para enfrentar os dilemas existenciais, que a alma encontra uma forma de se equilibrar no controlo da energia que rege seu corpo físico e o universo material, sendo que todas as doenças interagem nesta dinâmica, geralmente composta por inúmeras subdinâmicas. Tais subdinâmicas, embora totalmente englobadas pelo plano subconsciente, assumem apenas a força que lhes permitimos a nível consciente.

Por isso se pode afirmar que o grau de consciência de um indivíduo é proporcional ao seu nível de inconsciência.

A chave para a resolução de todos os problemas de saúde reside então nos princípios da existência e da força criadora e dinâmica do Universo como sendo um e o mesmo. É nas leis de Deus que se encontra o ADN da vida e da morte, e o segredo do mecanismo que rege ambos. Quando estudamos a química do corpo, estamos meramente a observar as manifestações dessa força. É na relação entre o espírito, a mente, e o corpo, que compreendemos as leis que regem tal força.

A Relação Entre a Felicidade e a Saúde

Considerando que Deus pretende que os seres sejam felizes, no desenvolvimento da felicidade encontramos o poder para reverter as doenças até ao estado de saúde original. Explorando nossa consciência individual, aprendemos também sobre o mecanismo que rege nossa identidade e nossa caminhada espiritual. Nessa consciência reside ainda a chave para a harmonia, em saúde e satisfação.

Estes princípios são válidos para tudo o que a energia associa, pois as regras do cosmos unem todo o material e imaterial. A matéria tem tanto poder sobre o espírito quanto este se abdique de controlar a matéria. Por isso se diz que devemos prestar atenção à estrada quando conduzimos. Se prestarmos atenção à vida do mesmo modo, cometemos menos erros e sujeitamo-nos a menos imprevistos. Nesta associação crescente de positivismo, podemos eliminar o negativo.

Por outro lado, não podemos controlar o fluxo negativo com a aceitação de suas manifestações, nomeadamente, centrando nossa atenção nas doenças e problemas. Pois, centrarmo-nos no fluxo negativo, cria associações sobre essa negatividade, o que faz com que desperdicemos o tempo, o qual poderia ser aplicado em algo positivo, para alimentar um estado positivo.

Por exemplo, quando nos centramos no tratar duma doença, não podemos ocupar nossa mente, o tempo todo, com a preocupação sobre a doença. Pelo contrário, devemos nos ocupar com a solução, criando saúde com o reforçar do nosso sistema imunitário.

Alimentos e pensamentos que promovem saúde são sempre mais desejáveis do que medicamentos que a tentam apenas manter, e que acabam, neste processo, por adiar apenas o percurso ou modificar o modo de atuação, criando a ilusão de que esta foi impedida, quando, na verdade foi a oportunidade dada ao corpo de a combater que conduziu ao resultado positivo. Trata-se dum resultado obtido indiretamente pelo uso do medicamento, mas que pode ser obtido diretamente pelo pensamento e pela alimentação que promove a energia física e a saúde.

Embora seja difícil para a maioria das pessoas, e até cientistas, poder comparar a relação entre o estado físico duma pessoa e o seu estado mental, tal relação torna-se progressivamente mais evidente ao longo do tempo. Uma pessoa com tendências agressivas, por exemplo, pode desenvolver psicopatia. Ou seja, através da necessidade da adrenalina da agressividade, inicia comportamentos de risco, nomeadamente, comportamentos sexuais de risco, promiscuidade, etc. Poderá também iniciar o consumo de drogas, na busca de mais prazer. E tudo isso conduz a uma falta de controlo que se traduz a nível hormonal. Ora, as hormonas, por outro lado, podem afectar o sistema imunológico, que por outro lado conduz, por deficiência imunitária, ao surgimento de cistos, cancer e outras tantas doenças. E é assim que uma pessoa acaba morrendo jovem.

Crê-se que entre 70% a 98% das doenças sejam psicossomáticas. E isto pode ser comprovado pelo modo como as pessoas reagem às curas.

Algumas pessoas sobrevivem com certas cirurgias e outras falecem, independentemente Não obstante, podemos observar como este processo é gradual, ao longo de muitos anos, e com sintomas, emocionais e psicológicos muito semelhantes. Por mais absurdo que possa parecer, isto nos leva facilmente a concluir que alguns valores, como a disciplina, o autocontrolo, e a serenidade, a amabilidade, e a empatia, conduzem a uma vida mais duradoura.

Como se Curam as Doenças Psicológicas e se Altera o Comportamento?

As doenças psicológicas, na sua generalidade, podem ser solucionadas ajudando um indivíduo a agir sobre o seu próprio mundo, através do desenvolvimento do seu potencial para ser feliz e se conhecer. Auxiliando alguém a realizar o que o alegra, conseguimos aumentar a qualidade do seu pensamento. Isto, porque a determinação e a concentração auxiliadas pela emoção positiva, aumentam exponencialmente o número de synapsis no cérebro na direcção dum novo padrão comportamental. E se queremos reformar o comportamento, alterando hábitos, em ações e pensamentos, este é o caminho mais rápido para o conseguir.

Um ser feliz tem pensamentos mais claros e objetivos. E, um ser mais consciente tem pensamentos mais inteligentes. Portanto, sabemos que a doença mental pode ser solucionada ensinando sobre os propósitos da existência que encaminham ao mesmo resultado. Pois, quanto mais alguém os conhecer, mais poderá se encaminhar no sentido de ser eficiente em sua vida.

A dificuldade em alterar o comportamento surge precisamente do que se pretende alterar. Ou seja, os padrões mais fortes de comportamento e os pensamentos mais comuns criam resistências à mudança, através de mecanismos que controlam a própria capacidade de decisão do indivíduo. É por isso que muitas pessoas fazem decisões estúpidas em sua vida e contra a sua sobrevivência. "Um louco vai negar mais verdade em meia-hora do que um sábio consegue provar em sete anos" (Coventry Patmore).

Uma pessoa só apresenta confusão face á sua identidade e realidade que o engloba, quando perde o propósito da sua existência. É como um aventureiro perdido numa floresta virgem. Por outro lado, não podemos dizer que uma pessoa intelectualizada seja mais sábia, pois a verdadeira sabedoria consiste em saber quando reforçar o pensamento que conduz ao sucesso, e ao mesmo tempo, ser capaz de reformar todos os pensamentos e ideias que conduzem ao insucesso. A larga maioria das pessoas não possuem tal capacidade intelectual, porque não estão habituadas a pensar e não sabem como pensar eficazmente. E, portanto, a habilidade para pensar é independente do sistema educativo e graus de educação formal.

Muitos no campo da psicologia e psiquiatria procuraram explicar tais fenómenos, como a estupidez em pessoas inteligentes, através da introdução de termos como "inteligência emocional" ou "inteligência social", entre outros. Mas a verdade é que, qualquer formal de inteligência, só é relevante quando relativa aos processos e mecânicas do pensamento e analisada através destes. Não faz sentido, nunca, avaliar o que não pode ser alterado e corrigido.

Em ultima instância, quando o propósito existencial está presente, a esperança na vida aumenta, porque quando ensinamos a atingir esse propósito, a vida ganha sentido e mais facilmente se podem encontrar os parâmetros que auxiliam a encaminhar para um sentido espiritual. Trata-se de ensinar o ser a comparar e aprender a discernir por comparação, para que assim, no assemelhar e diferenciar, possa encontrar a atitude eficiente e ideal que lhe permite ser feliz. Quanto mais felicidade atingir, tanto mais o ser possuirá potencial para viver uma vida com significado. Pois, aquele que se perdeu nos seus distúrbios mentais, perdeu a capacidade para distinguir entre felicidade e infelicidade, bom e mau.

Daí se poder dizer que é na perda do caminho de Deus, da verdade suprema, que os loucos vivem o inferno da insanidade. No reencontro desse caminho, toda a felicidade e lógica assumem propósito. E, o mal, manifesto na confusão, no medo e na doença, regride progressivamente em função do trabalho efectuado no sentido do reformar o pensamento conectado-o com a emoção. É por isso que a arte é a terapia suprema, capaz de alterar qualquer um.

Como Prever o Futuro Com Sabedoria?

O conhecimento espiritual reside, em maior ou menor grau, incluso em todos os seres humanos. No entanto, podemos dizer que os espíritos mais experientes, pelas suas variadas existências anteriores, possuirão mais conhecimento espiritual, independentemente da idade de seu corpo presente.

O conhecimento espiritual pode ser mais ou menos desenvolvido em função da ação do ser na realidade que se lhe apresenta. Nem sempre a consciência do conhecimento espiritual se encontra desperta, pelo que muitos seres só a poderão despertar na interação com o mundo material em que se inserem. O conhecimento do futuro, aumentando a responsabilidade sobre o mundo material presente, aumenta também a experiência da consciência no seu percurso pela aquisição do autoconhecimento. Prever o futuro apenas pode dar mais sentido à vida porque quem tudo vê, tudo pode, no sentido de ser mais capaz e útil aos desígnios divinos.

Mas, com maior conhecimento e poder vem também um acréscimo de responsabilidade. E, com a responsabilidade, vem maior necessidade de ação. Por isso, os seres que podem ver mais sentirão maior pressão face às suas responsabilidades. Ver mais implica a criação de elos de ligação com maiores dinâmicas em interação na realidade presente. Tal como o pensamento intensifica as complexidades ao nível das synopsis mentais, o utilitarismo social aumenta a complexidade da ação social, e a ação altruísta, nesse caminho, estimula o potencial para ver mais.

A sabedoria é superior e ilimitada, porque "a sabedoria é encontrada apenas na verdade" (Johann Wolfgang Von Goethe). Perante o nosso conhecimento sobre dinâmicas mais abrangentes, vemo-nos obrigados a interagir com todas elas para as compreender melhor. Nessa profundidade de experiências, poderemos obter maior realização pessoal, mas também nos podemos confundir num mundo de aparências e semelhanças, em que nem tudo o que parece à mente ou à consciência é real. Daí que o aumento da responsabilidade sobre o que se pode ver, aumenta também os desafios pessoais nesse percurso. Nem sempre estamos preparados para a verdade.

Num plano pessoal, devo dizer que o confronto com a psicopatia dos outros tem sido até hoje, a minha maior dificuldade, pois é difícil de aceitar que tanta gente tenha comportamentos nojentos em sua vida. Tanto ou mais como verificar que a ignorância é abrangente e promovida pelos que se fazem representar como líderes de grupos. Ou o facto de que imensa gente, a larga maioria, passa uma vida inteira, de oitenta anos, ou mais, na completa escuridão, sem compreender os valores mais fundamentais da vida.

A vida de quem vê mais poderá obter mais significados, mas não é por si só, e por isso, significativa. O significado da vida reside na consciência sobre a importância desta, o que só pode ser conseguido com a responsabilidade sobre a existência. A responsabilidade que detemos sobre esta existência deve ser formada, desenvolvida, percebida e compreendida, na interação com os outros e com os nossos desejos. Sempre que possamos trabalhar para alcançar sonhos desejados, estaremos a dar oportunidades a nós mesmos de entender o significado da nossa vida. E, quer os consigamos atingir ou não, estaremos a consciencializar-nos para a importância da existência e a relação que esta possui com o plano espiritual.

Em suma, com maior consciência da responsabilidade surgirá uma maior visualização e, com esse potencial, mais se poderá perceber e assumir, ou mesmo aceitar, conduzindo o espírito a uma maior compreensão de si. A existência resume-se na tomada de decisões permanentes que transformam a realidade e a consciência em interação permanente com essa mesma realidade.

Como Interpretar a Sabedoria Religiosa?

Num mundo de princípios humanos, nenhuma religião interpretada por estes pode ser verdadeira no seu todo, pois a consciência é independente dos princípios morais, ainda que possa encontrar semelhanças nestes. "A verdade, no que respeita à religião, é simplesmente a opinião que sobreviveu" (Oscar Wilde).

A religião apresenta-se como mero estímulo dos sentidos espirituais, e nunca como um caminho verdadeiro ou enquanto alimento para a alma. Exige-se, por isso, da espiritualidade, que esta possa romper com as limitações dos dogmas religiosos ou literários, das obras que regem os cultos, para poder trespassar o portal que se abre por entre as sucessivas armadilhas cognitivas, formadas pelo pensamento humano que a religião apresenta.

Não se pode afirmar que existe uma religião verdadeira, porque, entre verdades camufladas por filosofias interpretadas por homens, confunde-se a mentira. Em todas as religiões existe alguma verdade, mas apenas a suficiente para prender o convicto numa teia de atordoante e falsa sensação de felicidade. Isto, porque a felicidade nunca pode estar fora do ser, mas tão-somente na sua ação direta com a realidade que interfere em sua existência. A consciência que a religião promove poderá auxiliar na obtenção da felicidade, mas não se pode dizer que um grupo religioso, em si, transmite a felicidade.

Existem tantas religiões quantas as argumentações possíveis face ao mundo espiritual, e, porque a argumentação parte da habilidade mental, não possuí necessariamente correspondência espiritual. Nunca a mente de muitos poderá validar a verdade no espírito de um. Pois, nenhum ser possui espiritualidade plena, mas antes se encontra no caminho do seu desenvolvimento. Portanto, nenhuma de suas argumentações poderá ser suficientemente verdadeira para poder fazer transpor uma verdade plena em significados. A única verdade divina e transponível a todas as almas reside no espírito, à espera de ser desperta por cada um que a possuí, por ação direta da alma na sua relação com o mundo e a própria vida. Só a consciencialização em ação permite ver a verdade, porque a consciência de um não pode comandar diretamente a consciência de outro.

Embora muitas religiões se tenham, ao longo da história, apresentado como verdadeiras, a tendência humana para resistir à mudança, cristalizou tais grupos em formas-pensamento que também resistem à mudança. E é por isso que até as religiões mais supremas tendem a se autodestruir.

O mesmo se passa com religiões mais intuitivas. Uma interpretação comunicada pode dar origem a uma interpretação diferente, sendo que nenhuma das duas será plenamente verdadeira; e, por meros erros interpretativos, poderão se desviar em muito do plano divino de uma existência plena e feliz. Neste sentido, não importa tanto a interpretação que a religião faz sobre a dicotomia de bem e mal, ou o modo como a interpreta, ou até mesmo o lado em que se situa nessa dicotomia, porque o propósito da consciência assume um caminho único, seja qual for o ponto de partida, e só um caminho permite a consciencialização.

É normal que muitos seguidores de religiões, aparentemente benéficas e moralistas, cometam atos nocivos contra si e a sua existência. Tal sucede sempre que a religião não se mostra suficiente para responder às necessidades do espírito. A consciência necessitará sempre dos meios necessários ao seu desenvolvimento e procurará se estimular na interação com estes, por mais negativos que possam ser os comportamentos. É por isso que os erros graves da religião católica são contrabalançados com as depravações de muitos dos seus membros, através da pedofilia e da homossexualidade.

Em outros casos mais extremos, isso se revelou no suicídio de centenas de seguidores de supostos gurus. Muitas pessoas não possuem consciência das ilusões até que estejam à beira da morte. E com frequência, nem mesmo assim.

Para as consciências mais baixas, a perversidade poderá, muitas vezes, ser o único meio que encontram para criar algum tipo de significados, ainda que ilusórios; para se compreenderem no caos provocado pela Ignorância. Para a mente iludida, a ilusão é sempre significativa, até que a dor de se estar errado prove o contrário, e isso poderá levar uma vida inteira, ou nunca vir a acontecer.

Muitos satanistas só se arrependem dos seus erros pouco antes de morrerem. Outros, suicidam-se, provando que o arrependimento jamais seria possível sem um sofrimento insuportável.

Casados com a ilusão até que a morte os separe do corpo, é como se encontram os espíritos perdidos. É por isso que um ataque à mentira é muitas vezes percebido como um ataque ao amor-próprio e combatido como tal.

Como Mudar de Atitude?

De acordo com a obra apresenta, foi possível compreender que as dinâmicas da existência obedecem a um conjunto padronizado do qual fazemos parte e que se insere numa lógica divina. Assim, tudo o que nos sucede no presente surge a partir de associações que respondem a um conjunto de premissas espirituais nas quais somos os principais co-criadores da nossa realidade. Por isso a verdadeira genialidade passa por uma compreensão das regras sagradas que dominam a existência e a abundância.

A "verdade é linda, sem dúvida, mas também as mentiras" (Ralph Waldo Emerson). No entanto, tudo se inicia e termina no espírito, e no estudo destes processos encontramos as razões dos dilemas da existência, mas também as respetivas soluções.

Não só podemos encontrar resposta para os problemas físicos e existenciais, como também para a obtenção da felicidade, no propósito da existência e na consciencialização do significado da vida, nomeadamente, o propósito da nossa. Sabemos assim que, as leis que compõem a existência, regem-se num plano geral que une todo o universo. E é no acordo com esse plano divino que encontramos a razão da nossa existência e a felicidade de existir. Na verdade, encontramos todas as respostas e soluções para os males que surgiram da ausência desta. E esta sabedoria, que surge duma capacidade para compreender o invisível por detrás de todas as coisas visíveis, é precisamente o que nos permite compreender as relações entre causa e efeito em tudo na nossa vida, e também na vida dos outros.

About the Publisher

This book was published by the 22 Lions Bookstore.
For more books like this visit www.22Lions.com.
Join us on social media at:
Fb.com/22Lions;
Twitter.com/22lionsbookshop;
Instagram.com/22lionsbookshop;
Pinterest.com/22LionsBookshop.

www.ingramcontent.com/pod-product-compliance
Lightning Source LLC
Chambersburg PA
CBHW050451010526
44118CB00013B/1779